Anthropologie

violonisto
Verlag

Anthropologie

12 Spaziergänge

durch den Garten des Philosophen

an der Oberen Donau

Andreas Stefan Geiger

Anthropologie
12 Spaziergänge
durch den Garten des Philosophen
an der Oberen Donau

Mit freundlicher Unterstützung des Landkreises Tuttlingen, der Stadt Meßkirch und der KEB Tuttlingen.

Bibliografische Information der Deutschen Nationalbibliothek
Die Deutsche Nationalbibliothek verzeichnet diese Publikation in der Deutschen Nationalbibliografie;
detaillierte bibliografische Daten sind im Internet über
http://dnb.d-nb.de abrufbar.

1. Auflage 2022

Covergestaltung: violonisto

Redaktionelle Bearbeitung: violonisto

Lektorat: Mandy Balthasar, Andreas Dangel, Alexander Schnorbusch , Heiko Truppel und Robert A. Winkler

Satz und Bearbeitung: violonisto

Druck: Gugler, Melk an der Donau

Printed in Austria

ISBN 978-3-9824992-0-8
ISBN 978-3-9824992-1-5 (E-Book)

www.violonisto.de

in Dankbarkeit widme ich dieses Buch meinen Eltern

Steine im Fluss am Jägerhaus in Fridingen

Inhalt

Geleitwort

„Wege - nicht Werke“, schreibt Martin Heidegger über den Charakter seines Denkens. Dieses Zitat des Meisters aus Meßkirch könnte auch über der neuen „Anthropologie“ von Andreas Geiger stehen. Weshalb? Weil der Autor erstens gerne Bezug auf Heidegger nimmt, und zweitens noch mehr deshalb, weil Andreas Geiger mit den Teilnehmern an seinen Seminaren bewusst einen Weg gehen will. Ich und viele durften es in den letzten Jahren fruchtbar erleben. Andreas Geiger ist ein Wege-Mensch: Er bahnt Denkwege zum Menschsein, empfiehlt konkrete Spazierwege in die Landschaft und lockt mit wunderbaren Fotografien in seine Erlebnisse mit der Natur, die uns zu eigenen Erfahrungsräumen werden können, in denen wir etwas Neues er-äugen und uns überraschen lassen dürfen. Seine weiten Wege sind in diesem Buch „Werk“ geworden, und dieses neue Werk eröffnet uns Lesern Wege.

Es sind „12 Spaziergänge durch den Garten des Philosophen an der Oberen Donau“. Wir spazieren nicht, um irgendwo hinzugelangen, sondern um uns umzuschauen. Das Flanieren kennt kein „Um zu“. Wir schauen uns um, ohne etwas zu wollen, zu sollen oder zu müssen. So ist das Spazierengehen keine Tätigkeit, sondern eine Form der Untätigkeit, des absichtslosen Betrachtens, ja der Kontemplation. Vom im Alltag üblichen Herumrennen und der zur Gewohnheit gewordenen panischen Mobilität ist bei Andreas Geiger gottlob nicht nur nichts zu spüren, sondern er bietet vielmehr ein wirksames Gegenmittel gegen das hamsterradhafte Nichts-versäumen-wollen unserer Tage.

Was Heidegger seinen „Philosophischen Beiträgen“ als Leitwort vorangestellt hatte, passt auch zu diesem Buch: „Hier wird das in langer Zögerung Verhaltene andeutend festgehalten als Richtscheit einer Ausgestaltung.“ Die Ausgestaltung ist unser! Andreas Geiger legt uns seinen Holzscheit hin, aber unser eigenes Lebensholz müssen wir selbst aufstapeln. Treten uns jene Holzstöße nicht ständig bei Spaziergängen vor Augen? Weil jede Metapher „hinkt“ (und das ist schon wieder eine Metapher), spinne ich weiter: Wir werden mit dieser Schrift auch angeregt, „unsere eigene Statue zu meißeln“, wie Plotin sagt. Was muss ich abtrennen und weghauen, so dass eine, und zwar „meine“ Gestalt zum Vorschein kommt? Wie kann ich die bunten Flachglasstücke meiner Biographie zu einem Fenster zusammenfügen, damit ich von einem Anderen her zum Leuchten komme – wie das Glasfenster einer Kathedrale?

Jetzt aber spaziere ich mit Andreas Geiger an einen seiner Lieblingsorte, zum Welschenberg über Mühlheim an der Donau. Nur noch der Chorraum der heutigen Kirchenruine „Maria Hilf“ kennt ein Dach, sonst stehen hier abgebröckelte Außenmauern, die den früheren Raum klar konturieren, aber den Blick in den Himmel gänzlich freigeben. Wir sind nicht obdachlos. Über uns der „blaue Dom“, von dem Gottfried Keller spricht. Georg Trakl nennt den Himmel „geistliches Blau“. Ludwig Wittgenstein fordert seine Leser auf, sie sollen zu sich selbst sagen: „Wie blau der Himmel ist!“ Und Wallace Stevens erkannte, dass die Offenheit für den Himmel uns auf Erden Gott in allen Dingen suchen und finden lässt: „Wenn der Himmel so blau ist,
singen die Dinge selbst.“

Das gilt besonders auch in den dunklen Stunden der Lebens- und Weltzeit. Rainer Maria Rilke spricht in seinem Stunden-Buch vom Beten als einem Erbauen, mit dem selbst ein Grauen überwölbt werden kann. Und so sei jedes Hinknien und Vertrauen „mit vielen goldenen und blauen und bunten Kuppeln“ überhöht. Es war wiederum Heidegger (wie Bernhard Welte berichtete), der beim Besuch von Kapellen und Kirchen oft eine Kniebeuge machte, und auf kritische Rückfrage, wieso er dies als Philosoph tue, sagte: „Wo so viel gebetet worden ist, da ist das Göttliche in einer ganz besonderen Weise nahe.“

Ich kenne Andreas Geiger seit 25 Jahren. Wie ihn charakterisieren? Ich setze ein letztes Mal bei Heidegger an, um mit diesem in die Denkwelt seines Schülers Oskar Becker weiterzugehen: Geworfenheit und Getragenheit. Andreas Geiger kennt „Wirbel, bodenloses Schweben, Absturz“, um die Kennzeichnungen Heideggers in „Sein und Zeit“ zu nennen, und er kennt die Leichtigkeit, die getragene Grundstimmung und das gesellige Glück in seiner Konstanz und Innerlichkeit und seinem heiteren Ernst, wovon Becker sprach. In seinem Leben hat sich Andreas Geiger von Zeit und Zeit geworfen und getragen fühlt und oft zugleich geworfen und getragen. So wie wir, die wir dieses Werk in Händen halten, uns bisweilen geworfen und getragen vorkommen - etliche von uns mitten in der Philosophie stehend und über die Philosophie hinaus im Glauben zuhause und noch einmal über diesen hinaus in Gott selbst hinein sich sehnend.

Andreas Geiger sagte mir jüngst in einem Gespräch, dass das Kreuz für ihn eine besondere Bedeutung habe. Bei Spaziergängen begegnen wir unzähligen Weg- und Wald- und Feldkreuzen, wo denen einige wenige bis heute folgende Tafel tragen: „Im schönen Tempel der Natur / siehst du des großen Gottes Spur. / Doch, willst du ihn noch größer sehn, / so bleib bei seinem Kreuze stehn.“ Stehen bleiben, anhalten, innehalten, von Innen Halt finden, sei‘s an einem Kreuz, sei’s durch dieses Buch - das wünsche ich allen, die es in Händen halten.

Dr. theol. Wolfgang Steffel

Vorwort des Autors

Bereits in meiner Abiturrede am Immanuel-Kant-Gymnasium Tuttlingen zitierte ich Aristoteles: „Das Ganze ist mehr als die Summe seiner Teile." Ein philosophischer Blick aufs Ganze schien mir schon damals wichtig.

Nach meinem Abschluss als Magister der Philosophie mit erweitertem Grundstudium Theologie und einer Ausbildung in russischen Heilmethoden mit Schwerpunkt Intuition und anderen Ausbildungen zum Thema Intuition machte ich mich auf die Suche nach ganzheitlichen Ansätzen.

Ich stieß auf geometrisch kosmologische Spekulationen innerhalb meiner Forschung im Promotionsstudium zur Architekturtheorie. Es gibt von den Pythagoreern über Platon bis zu den Architekturtheoretikern der Renaissance die Idee, dass es eine Art geometrischen Code im Universum geben müsse, der sich im menschlichen Körper finde und sich im vollendeten Bauwerk widerspiegelt. Spannend, es fand sich viel Spekulation und wenig Konsistentes. Manche nannten diesen Code unter einer kunsthistorischen Betrachtung „verborgene Geometrie", die nächsten unter einer ästhetischen Betrachtung „ästhetische Geometrie", andere Autoren gar „heilige Geometrie", die nächsten wissenschaftlicher „pythagoreisch-platonische kosmische Ordnung". In den Naturwissenschaften fand ich außer Überlegungen von Heisenberg zu Platon anfangs nicht viel Verwertbares. Dann stieß ich auf NASSIM HARAMEIN, einen „Physikfreak" aus den USA mit eigenem Institut und großer globaler Resonanz, der mit den von mir gefundenen Geometrien die offenen Fragen der aktuellen Physik elegant löst. In München fand ich damit vorerst keine Resonanz, stattdessen brach ich mir das Bein und mir wurde die Wohnung gekündigt. Ich zog mich zur Wiedererlangung meiner Gehfähigkeit und zur Ausarbeitung meiner philosophischen Arbeiten in die Dachwohnung meines Elternhauses nach Fridingen zurück. Das ganzheitliche Thema lag mir zu sehr am Herzen, auch wenn ich dafür im universitären Kontext vorerst keine Unterstützung fand. Ich wollte wissen, was die Welt im Innersten zusammenhält. Für mein Reha-Projekt war viel Bewegung wichtig und so beschaffte ich mir mithilfe eines Kredites ein teures Spezialrad und verbrachte außerhalb der wissenschaftlichen Arbeit am Schreibtisch und den Projekten, die ich machte, um mich finanziell über Wasser zu halten, viel Zeit auf diesem Gefährt und entdeckte das Donautal – meine Heimatregion – auf diese Weise ganz neu. Im August 2019 sind nach drei Jahren nun 9999,9 km mit dem Rad zusammengekommen und dabei auch einige wunderschöne Bilder entstanden. Ich entschied mich, meine Bilder, die meine persönliche Naturerfahrung abbilden und mithilfe der entdeckten Geometrie bearbeitet wurden, in einer Ausstellung zu veröffentlichen. Parallel hierzu gestaltete ich einen Kalender mit zwölf ausgesuchten Bildern analog zu zwölf zentralen anthropologischen Themen, mit Zitaten, Impulsen, Impulsfragen und Raum für eigene Gedanken. Jetzt ist der Kalender überarbeitet und soll als Bildband erscheinen. Zu den Inhalten des Kalenders bietet er je Thema ein kurzes Autorenporträt und Literaturhinweise zum vertiefenden Selbststudium und ein wissenschaftliches Literaturverzeichnis, um die Quellen studieren zu können. Für alle, die die Spaziergänge an die Orte real unternehmen möchten, gibt es am Ende des Buches eine Liste der Koordinaten. So können Sie Ihren individuellen Spaziergang zu dem Ort planen. Das Konzept läuft mittlerweile unter dem Label „violonisto". Violonisto ist ein Künstlername, es steht für die Absicht mittels einer Einheit von Bild, Text und Design das Wahre, Gute und Schöne zu verkörpern und meine Forschungsergebnisse einer breiten Öffentlichkeit zugänglich zu machen.

Ich hoffe, dadurch mehr vom Guten, Wahren und Schönen in die Welt zu bringen und die Menschen über das Staunen beim Betrachten der Bilder und die Texte zum Philosophieren zu inspirieren. Wenn der ein oder andere nach Betrachtung der Bilder und Lektüre der Texte mehr Fragen oder mehr Klarheit in Bezug auf die zwölf Themen hat, ist mein Projekt gelungen.

Ich hoffe, dass ich auch meine anderen begonnenen Projekte bald zur Vollendung bringen kann und bin hier für jedwede Unterstützung dankbar. Ein besonderer Dank bei diesem Projekt gilt Dr. Armin Heim, dem Leiter des Heimatmuseums Fridingen und der Stadt Fridingen, die mir die Ausstellung vom 21.11.2019 bis zum 08.03.2020 mit Vortragsprogramm im Ifflinger Schloss in Fridingen ermöglicht haben: Pfarrer Gerwin Klose, Jutta Krause, der Seelsorgeeinheit Donau-Heuberg und dem Welschenberg Förderverein, die mir die Ausstellung mit Vortragsprogramm in der Kirchenruine Maria Hilf vom 19.07.2020 bis zum 25.09.2022 ermöglicht haben. Dr. Alfred Denker, der Stadt Meßkirch und dem Team der Tourist Information Meßkirch, besonders Kerstin Diehm, die mir die Ausstellung mit Rahmenprogramm im Schloss Meßkirch vom 06.09.2020-10.10.2021 ermöglicht haben. Für den Druck des Bildbandes danke ich insbesondere dem Landkreis Tuttlingen, der Stadt Meßkirch und der KEB Tuttlingen und allen, die die Crowdfundingkampagne unterstützt haben. Den Lektoren Heiko Truppel für den Kalender und Andreas Dangel, Robert A. Winkler, Alexander Schnorbusch und Mandy Balthasar für den Bildband sei besonders gedankt. Dr. Wolfgang Steffel für das treffende Geleitwort gebührt besonderer Dank. Natürlich auch allen, die unerwähnt sind und die mich in der Zeit unterstützt haben: Danke

Ihnen viel Freude auf den Spaziergängen an der Oberen Donau unter der Leitfrage der philosophischen Anthropologie:
Was ist der Mensch?

Andreas Stefan Geiger

Blick vom Geistfelsen in Fridingen Richtung Mühlheim

HEIMAT

„Wir sind Pflanzen, die, – wir mögens uns gerne gestehen oder nicht, – mit den Wurzeln aus der Erde steigen müssen, um im Aether blühen und Früchte tragen zu können."

JOHANN PETER HEBEL (1760-1826), deutscher Schriftsteller, Theologe und Pädagoge.

Autorenporträt

JOHANN PETER HEBEL wurde am 10. Mai 1760 in Basel geboren. Sein Vater starb noch in seiner Kindheit, die Mutter in seiner Jugend. Seine Jugend verbrachte Hebel sowohl im städtischen Basel als auch im ländlichen Hausen im Wiesenthal, dem Heimatdorf seiner Mutter. Durch Förderer konnte er das Gymnasium besuchen. Hebel studierte ab 1778 in Erlangen Theologie und arbeitete später als Lehrer und evangelischer Geistlicher. Sein Glück hoffte er zunächst als einfacher Landpfarrer zu finden. Doch war er zu Höherem berufen: 1791 wurde er in Karlsruhe Gymnasiallehrer, 1792 Hofdiakon und 1798 außerordentlicher Professor. Ab 1799 schrieb er nach einem Besuch in seiner Heimat im Wiesenthal die Alemannischen Gedichte in Wiesentäler Dialekt. Ab 1803 verfasste er seine Kalendergeschichten, die in verschiedenen Werken veröffentlicht wurden. 1808 wurde er Rektor des Karlsruher Gymnasiums. 1819 wurde er Prälat der lutherischen Landeskirche und Mitglied in der Badischen Städteversammlung. 1826 verstarb er im Alter von 66 Jahren auf einer Dienstreise in Schwetzingen an Darmkrebs.

Impuls

Der berühmte Philosoph MARTIN HEIDEGGER (1889-1976) zitiert gerne obige Zeilen von JOHANN PETER HEBEL (1760-1826), um Heimat zu beschreiben. HEIDEGGER sieht den Menschen der Neuzeit als entwurzelten Heimatlosen und denkt, dass Großes und Wesentliches nur auf Basis guter Verwurzelung entstehen kann. Die Verse HEBELS verdeutlichen die Wichtigkeit der Wurzeln und der Bodenständigkeit, zeigen aber auch, dass wir die Anstrengung auf uns nehmen sollen, aus der Erde (dem Physischen) bis in den Äther (dem Metaphysischen) emporzusteigen, um dort blühen und Früchte tragen zu können. HEIDEGGER sah den entwurzelten, „neuzeitlichen“ Menschen mit seiner „planetarisch bestimmten Technik“[2] sehr kritisch, hielt eine Umkehr aber noch für möglich und war damit einer der Vordenker der Ökologie[3]. Um die ökologische Krise zu meistern, benötigt die Menschheit sowohl tiefe Verwurzelung als auch einen Aufstieg, um nachhaltig Früchte tragen zu können.

Fragen

- Wo oder was ist meine Heimat?
- Was bedeutet Heimat für mich?
- Was ist für mich die schönste Erinnerung an meine Heimat?
- Was bedeutet für mich Land, was Stadt?
- Spreche ich einen Dialekt wie Hebel?
- Worin habe ich eine Heimat im erweiterten Sinn?
- Nehme ich die Anstrengung auf mich, über das sinnlich Erfahrbare hinauszugehen?
- Wie kann ich im Äther blühen und Früchte tragen?

Vertiefung

JOHANN PETER HEBEL trat als Lehrer, Geistlicher, Politiker und auch als Literat hervor. Als seine beiden Hauptwerke gelten die Alemannischen Gedichte für Freunde ländlicher Natur und Sitten[4], die 1803 erschienen sind, und seine Kalendergeschichten von 1808. HEBELS Werk wurde von Literaten wie JOHANN WOLFGANG VON GOETHE, GOTTFRIED KELLER, LEO TOLSTOI und HERMANN HESSE hochgeschätzt. In seinen Kalendergeschichten findet sich auch die Geschichte des Tuttlingers Handwerksburschen Kannitverstan. Dieser gelangt fern der Heimat in Amsterdam durch Irrtum zur Wahrheit und letztlich zur Erkenntnis der Vergänglichkeit alles Irdischen: „Armer Kannitverstan“, rief er aus, „was hast du nun von allem deinem Reichtum? Was ich einst von meiner Armut auch bekomme: ein Totenkleid und ein Leintuch, und von allen deinen schönen Blumen vielleicht einen Rosmarin auf die kalte Brust, oder eine Raute.“[5] Die Figur des Kannitverstan, dargestellt als Bronzeplastik des Bildhauers ROLAND MARTIN, ist heute die höchste Auszeichnung der Stadt Tuttlingen.

Blick vom glitzernden Kreuz über Mühlheim bis nach Tuttlingen

SICHERHEIT

„Bei Gott allein kommt meine Seele zur Ruhe,
von ihm kommt mir Hilfe.
Nur er ist mein Fels, meine Hilfe, meine Burg;
darum werde ich nicht wanken." [6]

Die Bibel

Autorenporträt

Der Psalm 62 gehört zu den ganzen, die dem alttestamentlichen KÖNIG DAVID zugeschrieben werden. Er soll als jüngster Sohn Isais (Jesse) in Bethlehem geboren worden sein und um 1000 vor Christus gelebt haben. In 1 Sam 17 findet sich die bekannte Geschichte, in der DAVID als einfacher Hirtenjunge mit einer Steinschleuder den größeren, stärkeren und mit Bronze und Eisen gepanzerten Philister GOLIATH tötet. Darauf lässt ihn SAUL an seinen Hof bringen. SAUL entwickelt Neid auf den jungen, erfolgreichen DAVID und stellt ihn mehrmals auf die Probe. DAVID meistert alle Aufgaben mit Bravour und bekommt dafür SAULS Tochter MICHAL zur Frau. Als SAUL ihm nach dem Leben trachtet, flieht DAVID von SAULS Hof. Später kommt es zu mehreren Begegnungen, bei denen DAVID SAUL leicht hätte töten können, aber bewusst darauf verzichtet. Als SAUL später im Kampf gegen die Philister stirbt, wird DAVID König. David holt die Bundeslade nach Jerusalem und macht zugleich die Stadt Jerusalem zum Zentrum seines Reiches. So wird die Stadt sowohl weltliches als auch religiöses Zentrum. DAVID wird in der Bibel als Held mit Licht- und Schattenseiten dargestellt: Er ist einfacher Hirtenjunge, empfindsamer Seitenspieler, mutiger Krieger, verspielter Liebhaber, gerechter König, brutaler Ehebrecher, jemand, der seine Gegenspieler eiskalt und strategisch beseitigt, zuletzt ein alter Mann mit Gebrechen, der auf ein bewegtes Leben zurückschauen konnte. DAVID ist gleichzeitig aber immer jemand, der sein Leben auf Gott ausrichtet und dem die Beziehung zu Gott ein zentrales Anliegen ist.

Impuls

An vielen Stellen an der Oberen Donau sind Kreuze auf Felsen und an markanten Positionen errichtet. Sie zeigen ein klares Bekenntnis der Menschen der Region zum christlichen Glauben. Nimmt man den Psalmisten ernst, so ist Sicherheit nicht in irdischen Dingen, sondern allein in Gott zu finden. Sicherheit und Freiheit werden oft als Gegensatzpaare beschrieben. In der Politik findet oft eine Abwägung statt. Man müsse Freiheiten für mehr Sicherheit aufgeben. Für Christen sind Freiheit und Sicherheit gar keine Gegensatzpaare, sondern in der Entschiedenheit für Gott – die vermeintliche weltliche Sicherheit überwindet – findet der Christ Freiheit und Frieden. In dem biblischen Buch der Psalmen gibt es viele Stellen mit starken sprachlichen Bildern, in denen der Psalmist Sicherheit in Gott sucht und findet. Beispielsweise in den Psalmen: 4,3; 9,10; 27,1; 27,3; 46,2; 91,1-2; 91,4 und 118,8

Fragen

- Lese ich die Bibel oder andere Weisheitsliteratur?
- Was sagt mir die Figur des Königs DAVID?
- Was gibt mir Sicherheit?
- Was ist mein Fels?
- Wer hilft mir?
- Wie komme ich zur Ruhe?
- Was gibt mir vermeintliche Sicherheit und nimmt mir dafür Freiheit?
- Welche vermeintliche Sicherheit kann ich loslassen, um mehr Freiheit zu erfahren?

Vertiefung

Das Buch der Psalmen in der Bibel ist lesenswert. Auch wenn ein zum Saitenspiel gesungener Sprechgesang in unserer Kultur nicht üblich ist, haben die Psalmen eine eigene Schönheit und eine große Tiefe. Die Figur des KÖNIG DAVID, mit all seinen Licht- und Schattenseiten, ist interessant, gerade weil Jesus im neuen Testament in direkter Genealogie zu ihm dargestellt wird. Das Leben und die Taten Davids sind vielfach auch in der Kunst verarbeitet worden. Sehr bekannt ist die über fünf Meter Höhe überlebensgroße Skulptur des Künstlers MICHELANGELO DI LODOVICO BUONARROTI SIMONI (1501–1504) in der Accademia di Belle Arti in Florenz. Der evangelische Theologe und Widerstandskämpfer in der Zeit des Nationalsozialismus DIETRICH BONHOEFFER (1906-1945), der durch sein Gedicht *von guten Mächten*[7] vielen Menschen bekannt ist, hat ein kleines Bändchen zu den Psalmen verfasst. Er liest und deutet die Psalmen auf CHRISTUS hin. Es dient gut als kleine Handreichung zum Thema Psalmen.[8]

Leberblümchen auf dem Welschenberg

LUST

„Wer jede Lust genießt und auf keine verzichten kann, wird zuchtlos, wer aber jede meidet, wie die Griesgrämigen, wird stumpfsinnig."[9]

ARISTOTELES (384-322 V. CHR.), griechischer Philosoph, Schüler PLATONS, Lehrer ALEXANDERS DES GROßEN von Makedonien

Autorenporträt

ARISTOTELES wurde 384 vor Christus in Stageira in Griechenland geboren. Sein Vater NIKOMACHOS war Leibarzt des makedonischen Königs, seine Mutter PHAESTIS stammte ebenfalls aus einer Arztfamilie. Er trat 367 vor Christus in PLATONS Akademie in Athen ein. Aristoteles studierte, forschte und lehrte dort. Nach PLATONS Tod verließ Aristoteles die Stadt und wurde Lehrer von ALEXANDER DEM GROßEN, dem Thronfolger des Königreiches Makedonien. Im Jahr 343/342 vor Christus kehrte er nach Athen zurück und forschte und lehrte eigenständig mit Schülern im Lykeion. Nach dem Tod ALEXANDERS DES GROßEN 323 vor Christus zog sich ARISTOTELES nach Chalkis ins Haus seiner Mutter zurück und verstarb dort 322 vor Christus. Er war wohlhabend und besaß eine große Bibliothek. ARISTOTELES war mit PYTHIAS verheiratet und hatte eine Tochter, die den Namen ihrer Mutter trug. Nach dem Tod seiner Frau zeugte er noch einen Sohn namens NIKOMACHOS, wahrscheinlich mit seiner späteren Lebensgefährtin HERPYLLIS. Er hinterließ ein umfassendes Werk in vielen unterschiedlichen Disziplinen und kann als echter Universalgelehrter bezeichnet werden. Neben seinem Lehrer PLATON zählt er zu den einflussreichsten Philosophen der griechischen Antike. Seine Wirkung dauert bis in die Gegenwart.

Impuls

In der Natur tritt im Frühling die Vitalität offen in Erscheinung. Man sieht, wie nach dem Winter das Leben lustvoll erwacht und die ersten Blumen aus dem Boden sprießen. Auch im Leben der Menschen ist Lust und Sexualität eine wesentliche Größe. Ohne Sexualität, kein Leben. Christliche Autoren aus dem Mittelalter, wie THOMAS VON KEMPTEN (1380-1471) raten zum Abtöten der Leidenschaften für eine wahrhaftige Nachfolge CHRISTI: „Wer aber Verlangen trägt, in Freiheit des Geistes mit Mir zu wandeln, der muss alle seine bösen und unordentlichen Neigungen abtöten und keinem Geschöpfe aus Eigenliebe anhängen.“[10] Spirituelle Autoren aus östlichen Traditionen raten oft eine Transformation dieser Energie auf eine spirituelle Ebene mittels Meditation an. Es gibt auch östliche spirituelle Traditionen, die das Materielle und Spirituelle nicht als dualistische Gegensatzpaare sehen, sondern sexuelle Erfahrungen als positive Erlebnisse innerhalb einer ganzheitlichen Spiritualität begreifen. Es gibt sogar Strömungen, die Sexualität als mystisch-ekstatische Erfahrung sehen, in welcher sich zwei Seelen vereinigen können. Aristoteles empfiehlt im oberen Zitat einen maßvollen Mittelweg in Bezug auf die Lust.

Fragen

- Was bereitet mir Lust?
- Was bedeutet mir Sexualität?
- Wo bin ich ohne Maß?
- Kann ich verzichten?
- Kann ich genießen?
- Gehe ich verantwortungsvoll mit meiner Sexualität um?
- Wo kann ich mir mehr gönnen?
- Ich welchen Formen lebe ich meine Lust?

Vertiefung

Die Nikomachische Ethik ist ein Schlüsselwerk der europäischen Ethik. ARISTOTELES definiert darin die charakterliche Gutheit als Tugend. Die Tugend wiederum als mittlere Disposition zwischen zwei Extremen. Dies wird im Allgemeinen als Mesoteslehre (μεσότης, griechisch „Mitte“) bezeichnet und soll im folgenden Beispiel gezeigt werden:

„Im Hinblick auf Lust (hedonē) und Unlust (lypē) – nicht in allen Fällen, und weniger bei der Unlust – ist die Mitte die Mäßigkeit (sōphrosynē), das Übermaß die Unmäßigkeit (akolasia).“
Bei Aristoteles finden sich noch weitere Beispiele:

Furcht – Tapferkeit – Mut
Geiz – Freigiebigkeit – Verschwendung
Kleinlichkeit – Großzügigkeit – Protzerei
Unerzürnbarkeit – Sanftmut – Jähzorn
falsche Bescheidenheit – Wahrhaftigkeit – Angeberei
Ungehobeltheit – Gewandtheit – Possenreißerei
Anbiederung – Freundlichkeit – Streitsucht[11]

„Hochseilakt“ von HANS-JÜRGEN KOSSACK (1965- heute) zwischen Friedhof und Donau in Nendingen

KÖRPER

„Gott erschuf den Menschen als sein Bild, als Bild Gottes erschuf er ihn."[12]

Die Bibel, 1

Autorenporträt

Die fünf Bücher MOSE, aus dem das obige Zitat stammt, können keinem einzelnen Autor zugeordnet werden. Daher widmen wir dieses Autorenporträt DESIDERIUS LENZ, dem Begründer der Beuroner Schule, der sich eingehend mit dem Menschlichen Körper als Abbild Gottes und der Verbindung mit einer Ordnung nach Maß, Zahl und Gewicht (Weish. 11,20) beschäftigt hat.[13] LENZ wurde am 12. März 1832 in Haigerloch geboren. Er absolvierte zunächst eine Schreinerlehre im väterlichen Betrieb. Danach studierte er an der Akademie der Bildenden Künste in München bei MAX VON WIDMANNS und WILHELM VON KAULBACH. Nach einer freien Tätigkeit als Bildhauer wurde er 1859 als Professor an die Kunstgewerbeschule in Nürnberg berufen. Während eines Italienaufenthaltes arbeitete er an ersten Plänen für eine ideale Kirche. 1872 trat er als Oblate in das Kloster Beuron ein, wurde 1876 Novize und legte 1878 Profess ab, bevor er 1891 Subdiakon wurde. In den Jahren 1868–1871 konnte Lenz mit der Mauruskapelle seine Ideen einer idealen Kirche Realität werden lassen. Lenz prägte den Stil der Beuroner Kunst und begründete die Beuroner Kunstschule. Er starb in Beuron am 31. Januar 1928.

Impuls

Der Bildhauer, Maler und Architekt DESIDERIUS LENZ besinnt sich für seine Kunst auf einen Kanon idealer Proportionen. Er glaubt, gemäß dem biblischen Buch der Weisheit „Du aber hast alles nach Maß, Zahl und Gewicht geordnet!“ (Weisheit 11, 20), dass es eine kosmische Ordnung gebe. Diese Ordnung spiegele sich nach obigem Zitat im menschlichen Körper wider und der wahre Künstler müsse diese idealen Proportionen erkennen und in seinen Bauwerken anwenden. LENZ legt seine Auffassungen in seiner Schrift *Der Kanon* dar und führt aus: „Das war der Kanon der normalen Menschengestalt in zwei Geschlechtern, gegeben, um das Idealbild des Gott-Menschen Christus, das Wort im Fleische, und seine jungfräuliche MUTTER MARIA, die Norm der Weiblichkeit, darzustellen.“[14] Die Ägypter waren nach LENZ‘ Auffassung noch im vollen Besitz dieses Kanons. Seine Absicht war es, diesen Kanon wiederzuentdecken und in seiner idealen Kunst abzubilden, um die Menschen zu erheben. LENZ sah Kunst somit als Liturgie, als Gottesdienst.

Fragen

- Was bedeutet mir mein Körper?
- Welche Metapher passt am besten zu meinem Verhältnis zu meinem Körper?
- Sehe ich in meinem Körper ein Abbild Gottes?
- Pflege ich meinen Körper angemessen?
- Trainiere ich meinen Körper angemessen?
- Habe ich ein gesundes Verhältnis zu meinem Körper zwischen Leibfeindlichkeit und Körperkult?

Vertiefung

Das Motiv der Analogie vom menschlichen Körper zum Artefakt und von einem Kanon vollendeter Proportionen taucht schon beim antiken Architekturtheoretiker VITRUV im ersten Jahrhundert vor Christus auf, der ein Quadrat, und einen Kreis über einen mit gespreizten Beinen und Armen liegenden Menschen konstruiert.[15] Die Mitte des Kreises befindet sich im Bereich des Nabels, die Figur nennt sich homo ad circulum. Die Figur, in der die Mitte der Diagonalen des Quadrates sich im Geschlechtsbereich befindet, nennt sich homo ad quadratum. Das Motiv wird dann in der italienischen Renaissance von Leonardo da Vinci (1454-1519) aufgegriffen und so bekannt, dass es heute als vitruvianischer Mensch auf den italienischen Ein-Euro-Münzen zu finden ist. Die Zeichnung ist heute noch Basis von vielerlei geometrischer Spekulationen. Der Architekt und Maler der Moderne LE CORBUSIER (1887–1965) entwickelt die Thematik in seinem Werk Der Modulor[16] weiter und zieht den menschlichen Körper als verbindliches und ausschließliches Maß für harmonische Bauwerke heran.

Das Kloster Beuron, umgeben von sattem Frühlingsgrün

ARBEIT

Ora et Labora

„Müßiggang ist der Seele Feind. Deshalb sollen die Brüder zu bestimmten Zeiten mit Handarbeit, zu bestimmten Stunden mit heiliger Lesung beschäftigt sein."[7]

Regel des Heiligen BENEDIKT VON NURSIA, Kapitel 48

Autorenporträt

Der HEILIGE BENEDIKT soll um 480 nach Christus in der heutigen Provinz Perugia im umbrischen Apennin geboren worden sein. Seine Zwillingsschwester war die HEILIGE SCHOLASTIKA. Benedikt ging in Nursia zur Schule und studierte in Rom. Dort sei er von dem Sittenverfall derart schockiert gewesen, dass er sich nach kurzer Zeit in die Berge zu asketisch lebenden Einsiedlern zurückzog. Später soll er drei Jahre lang in einer Höhle bei Subicao, östlich von Rom, allein gelebt haben. Er soll von den dort lebenden Menschen gebeten worden sein, Abt im Kloster in Vicovaro zu werden. Da seine Neuordnungen nicht bei der ganzen Ordensgemeinschaft auf Gegenliebe stießen, soll versucht worden sein, ihn zu vergiften. BENEDIKT soll daraufhin das Kloster verlassen haben und sein eigenes Kloster mit dem Namen San Clemente und weitere Klöster gegründet haben. Immer wieder wurde er von Neidern angefeindet. 529 soll er sich mit seinen Getreuen auf den Monte Cassino zurückgezogen haben, um dort ein Kloster zu gründen und seine berühmte Regel für die Benediktiner zu schreiben. Er soll verschiedene Wunder vollbracht haben und ein hohes Ansehen bei der einheimischen Bevölkerung gehabt haben. Am Gründonnerstag, dem 21. März 547 soll er beim Gebet am Altar – gestützt von seinen Mönchen –verstorben sein.

Impuls

Arbeit ist ein wesentlicher Bestandteil des menschlichen Lebens. Durch Arbeit erfahren wir gesellschaftliche Wertschätzung, Gemeinschaft und Sinnerfüllung. Wir können uns und unsere Ideen zum Wohle Anderer verwirklichen. Der heilige BENEDIKT VON NURSIA prägte durch die Gründung des Benediktinerordens und das Verfassen seiner Regel wie kaum ein anderer das spirituelle Leben im Europa des Mittelalters. Wichtig ist ihm eine klare Tagesstruktur mit Zeit und Raum für Arbeit und auch für die Schriftlesung. Zu Zeiten BENEDIKTS mag dies eine adäquate Lösung gewesen sein. Die Grenzen zwischen Arbeit und Freizeit scheinen aktuell jedoch immer mehr zu verschwimmen. Eine globale Arbeitswelt, in der man immer erreichbar sein soll, und Arbeiten im Homeoffice sind heute normale Gegebenheiten. Work-Life-Balance ist der neudeutsche Begriff für die Empfehlung BENEDIKTS. Hierbei können ein klarer innerer Kompass, Zeit für Besinnung, ein klares Zeitmanagement, eigene Strukturen und Rituale, ein bewusster Umgang mit Technik, Bewegung, Abwechslung, Zeit für Familie und Freunde sowie Achtsamkeit die Schlüssel sein, um das Leben zu meistern.

Fragen

- Was bedeutet mir Arbeit?
- Kann ich mit meiner Arbeit das Wohl Anderer mehren?
- Macht meine Arbeit Sinn?
- Wird meine Arbeit wertgeschätzt?
- Erfüllt mich meine Arbeit?
- Definiere ich mich über meine Arbeit?
- Pflege ich eine gesunde Mischung aus Kontemplation und Aktion– Ora et Labora?
- Würde ich meine Arbeit auch weiterführen, wenn ich finanziell unabhängig wäre?

Vertiefung

In unserer gegenwärtigen Zeit ist die Arbeitswelt durch Digitalisierung und Automatisierung einer massiven Transformation ausgesetzt. In Paris eröffnete beispielsweise im Juli 2021 eine Pizzeria, in der ausschließlich Roboter arbeiten, die Pizzeria Pazzi. Innerhalb der nächsten Jahre und Jahrzehnte könnten eine Mehrheit der jetzigen Arbeitsplätze ersatzlos wegfallen. Wie sehen dann unsere Arbeitswelt und unsere Gesellschaft aus? Wie können Menschen gerecht entlohnt werden? Eine der Antworten ist das Modell des bedingungslosen Grundeinkommens, einem staatlichen Grundeinkommen, welches komplett von Arbeit entkoppelt ist. Dieses Modell gibt es in ganz verschiedenen Spielarten. Es ist sicher lohnend, sich jetzt schon mit solch einem Baustein der Arbeitswelt der Zukunft auseinandersetzen. PHILIP KOVCE und BIRGER P. PRIDDAT lassen in ihrem Buch Bedingungsloses Grundeinkommen. Grundlagentexte[18] verschiedene Autoren mit unterschiedlichen Blickwinkeln zu Wort kommen. Transformation kann nur gelingend gestaltet werden, wenn im Vorfeld neue Modelle erdacht, berechnet und getestet werden.

Mystischer Sonnenaufgang auf dem Eichfelsen in Irndorf

EINHEIT ALLEN SEINS

"I was in love with the nature and I felt like nature was in love with me"
„Ich war in die Natur verliebt und fühlte mich, als wäre die Natur auch in mich verliebt."[19]

NASSIM HARAMEIN

Autorenporträt

NASSIM HARAMEIN wurde 1962 in Genf geboren und hat den Großteil seines bisherigen Lebens mit der Erforschung der grundlegenden Geometrie des Universums verbracht. Dabei verbindet er Physik, Mathematik, Geometrie, Kosmologie, Quantenmechanik, Biologie und Chemie mit Anthropologie sowie dem Wissen alter Hochkulturen. Er ist Autodidakt ohne formale akademische Bildung. Zeitweise lebte er in einem Bus und finanzierte sein Leben als Tauch- und Skilehrer, um sich ganz seiner Forschung widmen zu können. Nach Ausarbeitung seiner Forschungsergebnisse publizierte er in den 2000er-Jahren seine Theorie des Connected Universe zusammen mit der Physikprofessorin Elisabeth Rauscher. Sein Ansatz geht von einem Einheitsfeld aus, über das alles mit allem verbunden ist und aus dem alles entsteht. Dieses Feld ist geometrisch sehr elegant strukturiert. Mit Hilfe dieser Struktur löst er die Rätsel um das Phänomen Gravitation. Protonen sieht er im Kern als schwarze Löcher. Das fraktale- und holografische Prinzip wirke laut Haramein im ganzen Universum. 2004 gründete Haramein die Resonance Project Foundation, heute Resonance Science Foundation. Er ist wissenschaftlicher Leiter eines Institutes auf Hawaii und forscht zusammen mit Mathematikern, Physikern und Ingenieuren zu seinem Ansatz und dessen Anwendungen. Seit 2014 lehrt er seinen Ansatz auch an der Resonance Academy, einer globalen Forschergemeinschaft. 2015 kam der Film The Connected Universe[20] in die Kinos, der seine Geschichte erzählt.

Impuls

Das Wissen um die Einheit allen Lebens ist so alt wie die Menschheit selbst. In nahezu jeder Hochkultur finden sich Zeugnisse hierzu. Mystiker aller Religionen und zu allen Zeiten machten solche Einheitserfahrungen und bezeugten diese. Die Weltsicht der Trennung hat zu großem wissenschaftlichen und technischem Fortschritt geführt, gleichzeitig aber in eine ökologische und soziale Krise. Möglicherweise bietet eine Sicht aus der Erfahrung der Einheit auf das Universum neue Perspektiven und Lösungen. Hier scheint es an der Zeit, dass dieses Thema auch von den Naturwissenschaften aufgegriffen wird und in allen Bereichen des Lebens Anwendung findet. Der große katholische Theologe KARL RAHNER (1904-1984) hat die Wichtigkeit der Mystik für die Spiritualität der Zukunft bereits in den 60er-Jahren des letzten Jahrhunderts weitsichtig und klar formuliert: „Der Fromme von morgen wird ein ‚Mystiker' sein, einer, der etwas erfahren hat, oder er wird nicht mehr sein. (…)“[21]

Fragen

- Hatte ich schon einmal eine Erfahrung der Einheit allen Seins?
- Wann geht mir das Herz auf?
- Wie lebe ich Verbundenheit mit allem Sein?
- Gehe ich liebevoll mit der Natur um?
- Gehe ich liebevoll mit mir selbst um?
- Gehe ich liebevoll mit meinen Mitmenschen um?
- Habe ich mich schon mal mit Mystik beschäftigt?
- Wie könnte eine Gesellschaft, die aus der Erfahrung der Einheit lebt, aussehen?

Vertiefung

Wer sich näher mit dem Ansatz von Nassim Haramein beschäftigen möchte, dem empfehle ich den Onlinekurs zu Unified Physics. Es gibt ihn kostenlos bei der Resonance Academy als Unified Science Course.[22] In dem Kurs erfährt man alles über die neue Weltsicht aus der Perspektive der Einheit, Unterschiede der moderneren Physik zu Unified Physics, die Wurzeln dieses Forschungsfeldes in der Antike, deren Bedeutung und Anwendungen sowie den aktuellen Stand der Forschung. Alles fachlich fundiert, didaktisch gut aufbereitet und optisch ansprechend gestaltet. Auf Englisch, möglicherweise auch später auf Deutsch. So kann jeder der sich interessiert in einer Gemeinschaft zu seiner Zeit und in seinem Tempo neues Lernen. https://www.resonancescience.org

Sonnenblume im Aufbruch zwischen Mühlheim und Stetten

AUTHENTIZITÄT

„Zum existierenden Dasein gehört die Jemeinigkeit als Bedingung der Möglichkeit von Eigentlichkeit und Uneigentlichkeit. Dasein existiert je in einem dieser Modi, bzw. in der modalen Indifferenz ihrer.“[23]

MARTIN HEIDEGGER Sein und Zeit

Autorenporträt

MARTIN HEIDEGGER wurde am 26. September 1889 im badischen Städtchen Meßkirch geboren. Sein Vater war Küfermeister und katholischer Mesner, seine Mutter Hausfrau. Durch frühe kirchliche Förderung durfte er von 1903 bis 1906 das Gymnasium in Konstanz und später von 1906 bis 1909 in Freiburg besuchen. Er studierte anfangs Theologie und Philosophie in Freiburg, entschied sich dann jedoch 1911 gegen die Fortsetzung der Priesterausbildung. Sein Studium der Philosophie beendete er 1913 mit einer Promotion mit dem Titel „Die Lehre vom Urteil im Psychologismus" bei Arthur Schneider. 1915 habilitierte er mit einer Schrift zum Thema „Die Kategorien- und Bedeutungslehre des Duns Scotus" bei Heinrich Rickert. Während des Ersten Weltkrieges meldete sich Heidegger als Kriegsfreiwilliger, wurde aber nach zwei Monaten wegen eines Herzklappenfehlers entlassen. 1917 heiratete er ELFRIEDE PETRI. Von 1919 bis 1923 war er Privatdozent und Assistent von EDMUND HUSSERL an der Universität Freiburg. Von 1923 bis 1928 lehrte er als ordentlicher Professor für Philosophie an der Universität in Marburg. Nach der Veröffentlichung seines Hauptwerks Sein und Zeit im Jahre 1927 wurde er 1928 auf den Lehrstuhl für Philosophie an der Universität Freiburg berufen. Im Jahr 1933 trat er in die NSDAP ein und wurde Rektor der Universität Freiburg. Nach dem Zweiten Weltkrieg wurde ihm aufgrund seines Engagements für den Nationalsozialismus ein Lehrverbot erteilt. Nach seiner Emeritierung im Jahr 1951 nahm er eine umfangreiche außeruniversitäre Lehrtätigkeit auf und ihm wurden einige Ehrenmitgliedschaften und Auszeichnungen zuteil. Am 26. Mai 1976 starb MARTIN HEIDEGGER in Meßkirch. HEIDEGGER gilt unbestritten als einer der größten Philosophen des 20. Jahrhunderts. Er steht aber auch wegen seiner gedanklichen und temporär politischen Verstrickungen mit dem Nationalsozialismus in der Kritik.

Impuls

MARTIN HEIDEGGERS Absicht darf man sicher auch so verstehen, dass er mit seiner Philosophie die Menschen von einem „Vor-sich-hin-leben" im „Man" zu einem vertieften Daseinsvollzug, der „Eigentlichkeit" führen möchte. Die „Grundbefindlichkeit der Angst" gilt es zu überwinden hin zu einem „Freisein für die Freiheit des Sich-selbst-wählens und -ergreifens. Die Angst bringt das Dasein vor sein Freisein für die Eigentlichkeit seines Seins". Die Sonnenblume im Bild steht kurz vor dem Erreichen ihrer vollen Blüte. Sie wird schon bald ihre eigene Schönheit voll entfalten können. Auch wir Menschen dürfen unsere Ängste überwinden und uns selbst wahrhaftig selbst bestimmen und entfalten: Selbstbestimmt und authentisch sein. Singen, Schreiben, Musizieren, Schauspielern und jede Form von Ausdruck können dabei helfen, unsere Wahrheit frei von Angst zu leben.

Fragen

- Wie lebe ich meine Authentizität?
- Wie gehe ich mit meinen Ängsten um?
- Lebe ich die Erwartungen anderer oder mein eigentliches Leben?
- Denke, fühle, spreche und handle ich wahrhaftig?
  Wie drücke ich mich authentisch aus?
- Lebe ich Formen von Kreativität, um zu lernen, meine Wahrheit auszudrücken?

Vertiefung

MARTIN HEIDEGGER lebte auf seine Art – mit biografischen Brüchen und gedanklichen Irrungen -authentisch. Er hat den Kontakt zu seinen Wurzeln nie verloren, blieb bewusst in der Provinz und trug selbst in Marburg seine eigene Tracht. Wer nach Meßkirch, in die Heimatstadt von MARTIN HEIDEGGER kommt, dem sei das Martin-Heidegger-Museum[24] im Schloss Meßkirch empfohlen. Es beherbergt noch andere Museen und bietet eine wunderschöne Kulisse. Das Meßkircher Martin-Heidegger-Archiv veranstaltet regelmäßig Seminare und Tagungen für Interessierte an MARTIN HEIDEGGERS Philosophie. Wer in Meßkirch war, kann MARTIN HEIDEGGER wohl besser verstehen. Das Buch „Unterwegs in Sein und Zeit“[25] von Alfred Denker, einem der profiliertesten Heidegger-Experten, kann ich jedem als Einstiegslektüre zu Heideggers Leben und Denken empfehlen. Sein und Zeit ist sicherlich ein anspruchsvolles philosophisches Werk, das ich aber auch empfehlen kann. Eine gemeinsame Lektüre innerhalb einer Gruppe und eines Lektüreseminars kann Sinn ergeben. Gemeinsam erschließt sich der Text oft besser.

Abendhimmel über Buchheim mit dem Buchheimer Hans

INTUITION

„Ihre Zeit ist begrenzt, also verschwenden Sie sie nicht [damit, das Leben eines anderen zu leben]. Lassen Sie sich nicht von Dogmen in die Falle locken. Lassen Sie nicht zu, dass die Meinungen anderer Ihre innere Stimme ersticken. Am wichtigsten ist es, dass Sie den Mut haben, Ihrem Herzen und Ihrer Intuition zu folgen. Alles andere ist nebensächlich.“[26]

STEVE JOBS (1955-2011), US-amerikanischer Unternehmer, Gründer von Apple
Stanford Commencement Speech 12. Juni 2005

Autorenporträt

STEVE JOBS wurde am 24. Februar 1955 in San Francisco, Kalifornien geboren. Er wurde von seinen biologischen Eltern zur Adoption freigegeben und wuchs bei einer Pflegefamilie in Palo Alto auf. Nach der Highschool begann er ein Studium, das er aber nach einem Semester abbrach. Nach dem Besuch ausgewählter Seminare an der Uni, Experimenten mit LSD, JOBS in der IT-Industrie, einer Indien-Reise und einiger IT-Entwicklungsprojekte, gründete er 1976 mit Freunden die Firma Apple. Nach Differenzen verließ er Apple und gründete 1986 das IT-Unternehmen NeXT sowie im selben Jahr das Computer-Trickfilmunternehmen Pixar. Er kehrte 1996 in das Unternehmen Apple zurück. Unter seiner Führung wurden Produkte wie der iMac, der iPod, oder das iPhone entwickelt, die alle vom Design her revolutionär waren. JOBS hat aus erster Ehe drei Kinder und eine Tochter aus einer folgenden Beziehung. Er verstarb am 5. Oktober 2011 an einem Krebsleiden. JOBS gilt als inspirierender Visionär, der mittels innovativer Technik, klarem Design und geschickter Produktinszenierung begehrte Lifestyleprodukte erschaffen und vermarktet hat.

Impuls

Manchmal blitzt in uns eine innere Klarheit auf, so wie die Sonne, die hinter den Wolken hervortritt. Diese klaren Gedanken nennt man Intuition. Propheten oder Heilige folgten oft diesen Eingebungen, aber auch Wissenschaftler und Erfinder. Diese Fähigkeit ist bei allen Menschen angelegt. Bei manchen verkümmert diese Fähigkeit, manche entwickeln sie weiter. Logik und Verstand können nicht leisten, was die Intuition schafft. Wenn wir unserer Intuition folgen, liefert sie uns oft erstaunlich elegante Lösungen für die unterschiedlichsten Probleme und Fragestellungen. Der Heilige IGNATIUS VON LOYOLA (*1491 - †1556), der Begründer des Jesuitenordens, prägte den Begriff der „Unterscheidung der Geister“ und rät, nicht jedem Impuls zu folgen, sondern herauszufinden, welche der Impulse zu mehr Klarheit und Harmonie führen und diesen beständig zu folgen. Die Unterscheidung der Geister und auch die Intuition kann man lernen und bis zur Meisterschaft weiterentwickeln. Hierfür gibt es mittlerweile wissenschaftlich fundierte Methoden. Ein erster Schritt im Alltag kann sein, sich Fragen zu stellen und achtsam zu sein, welche Antworten kommen.

Fragen

- Nehme ich mich und meine Impulse wahr?
- Nehme ich mich und meine Impulse ernst?
- Begegne ich mir und meiner Intuition mit Wertschätzung?
- Kann ich meine inneren Regungen und Impulse unterscheiden?
- Was passiert, wenn ich mehr auf meine Intuition vertraue und danach handle?
- Trainiere ich meine Intuition?
- Pflege ich einen achtsamen inneren Dialog mit mir selbst?
- Stelle ich mir innerlich Fragen?

Vertiefung

Intuition ist ein spannendes Phänomen. Der Film InnSaei – Die Kraft der Intuition[27] nimmt die Zuschauer auf eine Reise zu verschiedenen Spielarten des Themas mit. Intuition ist wissenschaftlich noch nicht gänzlich erforscht, wird deswegen teils leichtfertig als Esoterik abgetan. Berichte aus vielen spirituellen Traditionen zeigen jedoch, dass es parapsychologische Phänomene zu allen Zeiten gab. Parapsychologie gilt weitläufig als Esoterik. Eine Spielart der Intuition ist die Fernwahrnehmung – englisch Remote-Viewing – zu der es in den 1970er-Jahren wissenschaftliche Untersuchungen am Stanford Research Institute gab. Eines der für mich faszinierendsten Konzepte des Intuitionstrainings ist das System des Quantum Speed Reading®, das von der Grundschullehrerin YUMIKO TOBITANI aus der Praxis heraus entwickelt wurde und wissenschaftliche Überprüfung fand. Das kleine Bändchen QSR – Quantum Speed Reading[28] stellt ihr Konzept anschaulich dar.

Steinrose, (Sempervivum) auch Hauswurz genannt auf dem Felsen des Philosophen über der Donau

GANZHEIT

„Nicht also von dem Vielen oder Gesamten ist der Teil, sondern nur von der einen Idee und von dem Einen, das, aus allem Gesamten ein Vollständiges geworden, das Ganze genannt wird; hiervon muß der Teil Teil sein.“[29]

PLATON

Autorenporträt

PLATON wurde 428/427 vor Christus in Griechenland geboren. Er stammte aus einer Aristokratenfamilie. PLATON genoss eine gute und umfassende Erziehung in Bewegung, Dichtung, Malerei, Musik und Grammatik sowie eine Einführung in die Philosophie. Als 20-Jähriger begegnete er SOKRATES, dessen Schüler er für zehn Jahre wurde. SOKRATES sah sich als „Hebamme", der durch geschickte Gesprächsführung die Wahrheit aus seinen Gesprächspartnern „herausholte". Die Verurteilung des SOKRATES wegen Gottlosigkeit und Verführung der Jugend und sein Tod durch den Schierlingsbecher im Jahre 399 vor Christus erschütterte PLATON. Er verließ Athen und unternahm einige Bildungsreisen. Im Jahr 387 kehrte er nach Athen zurück und gründete seine Akademie, in welcher er zwei Jahrzehnte lebte und lehrte. Er unternahm Reisen nach Sizilien und es gab wohl auch ernsthafte Bemühungen seine Vorstellung vom idealen Staat in die Realität umzusetzen, was jedoch nicht gelang. Er starb 348/347 und wurde auf dem Gelände seiner Akademie bestattet. PLATON war zeitlebens unverheiratet und kinderlos, hinterließ aber ein umfassendes philosophisches Werk. Dies ist in Dialogform gestaltet und lädt den Leser zum aktiven Mitdenken ein. PLATON gilt auch heute noch als einer der bedeutendsten Philosophen der abendländischen Tradition. Der englische Philosoph und Mathematiker ALFRED NORTH WHITEHEAD (1861-1947) bezeichnete die europäische Philosophiegeschichte als „Fußnoten zu Platon"[30]. Eine gute Einführung bietet das Bändchen von MICHAEL BORDT.[31]

Impuls

Wie die Teile und das Ganze zusammenhängen, ist ein viel diskutiertes philosophisches Thema. PLATON rät dazu, die Welt als Ganzheit zu verstehen und beschreibt im obigen Zitat eine Lösung zur Integration eines Teils in das Ganze über seine Ideenlehre. Unsere westliche Welt, unsere Sprache und unser Denken sind stark von der Vorstellung des Individuums, das abgetrennt von Anderen existiert, geprägt. Im 20. Jahrhundert wurden mit den Methoden des Unterscheidens, Aufspaltens, Trennens und der hohen Spezialisierung gerade in den Naturwissenschaften viele Fortschritte erreicht. Es gibt aber auch negative Folgen dieser Entwicklung: Soziale Spaltungen und eine globale ökologische Krise. Aber zum Prinzip der Spaltung gibt es auch das gegenläufige integrative Prinzip der Ganzheit. Systemisches Denken, Ökologie und ganzheitliche Ansätze verdeutlichen einen Richtungswechsel hin zu mehr Ganzheit. PAPST FRANZISKUS (1936*) sieht eine „ganzheitliche Ökologie" in seiner Enzyklika LAUDATO SI'[32] als Basis zum Meistern der gegenwärtigen globalen, sozialen und ökologischen Herausforderungen.

Fragen

- Sehe ich das Universum lediglich als Ansammlung materieller Objekte?
- Sehe ich Teile oder auch das Ganze?
- Sehe ich die Verbundenheit allen Seins?
- Denke ich unterscheidend oder ganzheitlich?
- Sehe ich die Welt als Maschine oder als komplexes System?
- Handle ich trennend oder integrierend?
- Wie lebe ich meine eigene Ganzheit?

Vertiefung

Als kleine Übung des ganzheitlichen Denkens könnte es hilfreich sein, sich bei einem Produkt spielerisch in Gedanken die ganze Produktionskette vorzustellen:
Nehmen wir etwa eine Kartoffel vor uns auf einem Teller: Vom Teller hin in den Kühlschrank, in den Supermarkt, zum Großhändler, zum Bauern auf den Acker, von der Ernte bis zum Pflanzen in die Erde, zum Vorziehen der Pflanzen, zum Saatgut.
In einem zweiten Schritt könnte man sich ethische, politische, ästhetische, ökonomische und juristische Rahmenbedingungen vorstellen, die im Hinblick auf die Kartoffel auf meinem Teller im Spiel waren.
Was passiert nun, wenn sich ein kleiner Aspekt ändert? Beispielsweise der Verzicht auf Kunstdünger aufgrund einer Umstellung auf biologische Landwirtschaft?
Welche Auswirkungen hätte dies das auf Böden, Lebewesen, Trinkwasser, Gesundheit oder soziale Gerechtigkeit zukünftiger Generationen?
Auch wenn es im Moment noch keine befriedigende Antwort auf die Frage: „Kann der Flügelschlag eines Schmetterlings in Brasilien einen Tornado in Texas auslösen?“[33] gibt, wird diese Frage unter Mathematikern diskutiert. In jedem Fall ist alles mit allem verbunden und auch kleine Veränderungen können Großes bewirken.

Blick vom Eichfelsen in Irndorf auf die Burg Wildenstein in Leibertingen

SELBSTERKENNTNIS

Γνῶθι σεαυτόν[34]

Gnothi seauton – Erkenne Dich selbst!

Inschrift über dem Eingang des Orakels von Delphi

Das Orakel von Delphi

Das Orakel von Delphi bestand wahrscheinlich zwischen dem achten und fünften Jahrhundert vor Christus. Orakel und Weissagungen muten in unserer aufgeklärten und wissenschaftlich geprägten Welt vielleicht befremdlich an. In der griechischen und römischen Antike gehörten sie aber ganz selbstverständlich zum Alltag. Das Orakel lag am Hang des Parnass, einem der höchsten Berge Griechenlands in der Nähe der Stadt Delphi. Es galt in der Antike als Nabel und als Mittelpunkt der Welt. Das Orakel sprach durch eine „gottbegeisterte" Priesterin, die Pythia. Diese saß auf einem Dreifuß, über einer Erdspalte, aus dem Gas ausgetreten sein soll und die Priesterin in eine Art Trance versetzte. Das Orakel weissagte nur an bestimmten Tagen im Jahr und nur nach einem guten Omen und einem Tieropfer. Die Priesterin musste Jungfrau sein und vor der Weissagung ein Reinigungsritual mit dem Bad in einer Quelle und dem Trinken von heiligem Wasser durchlaufen. Ärmere Ratsuchende bekamen lediglich binäre Ja- oder Nein-Antworten, welche die Priesterin durch den Griff in einen Behälter mit schwarzen und weißen Bohnen loste, zahlungsfähige Ratsuchende bekamen ganze Sätze, die aber oft rätselhaft blieben. Es ist überliefert, dass das Orakel unter anderem die Geschichte von König Ödipus voraussagte.[35]

Impuls

In allen spirituellen Kulturen und Weisheitslehren ist Selbsterkenntnis ein zentraler Schlüssel zur spirituellen Entwicklung. Ob Selbsterkenntnis durch Orakel, Beschäftigung mit Weisheitstexten, Selbstanalyse oder Meditation gefördert wird, eines ist den meisten Wegen gemein:
Es braucht dafür ein Maß an Rückzug, um die nötige innere Ruhe zu finden.
Die Burg Wildenstein diente schon den Grafen von Zimmern während Pest und Kriegen im 16. Jahrhundert mehrfach als Ort des Rückzugs. Ende 1944 zog sich MARTIN HEIDEGGER mit der Philosophischen Fakultät der Universität Freiburg dorthin zurück. Heute dient die Burg als Jugendherberge und somit immer noch als eine Art Rückzugsort. Selbst solche Orte des Rückzugs im Außen – oder auch im Innen – zu haben, kann sehr hilfreich sein, um aus der inneren Ruhe Weisheit und Kraft zu schöpfen.

Fragen

- Wer bin ich?
- Beschäftige ich mich mit Weisheit?
- Was tue ich dafür, meine Selbsterkenntnis zu fördern?
- Habe ich Orte, um mich zurückzuziehen?
- Nehme ich mir regelmäßig Zeit für Rückzug und Besinnung?
- Wie setze ich meine Erkenntnisse um?

Vertiefung

In der Spiritualität des Jesuitenordcns gibt es die Tradition der Exerzitien. Der Gründer IGNATIUS VON LOYOLA sah es als sinnvoll an, auch für die spirituelle Entwicklung zu üben. In seinem Exerzitienbuch[36] stellt er sein Konzept vor, das für die Mitglieder des Jesuitenordens immer noch fester Bestandteil ihrer Ausbildung und ihrer spirituellen Praxis ist. Im Rückzug vom Alltag und im Schweigen können in Gebet, Betrachtung, Jesusgebet und Meditation die Selbsterkenntnis und die spirituelle Entwicklung gefördert werden. Die Mitglieder des Jesuitenordens machen jährlich mehrtägige Exerzitien, zusätzlich vor dem Ablegen der Gelübde auch die volle Form mit 30 Tagen Rückzug und Schweigen. Regelmäßige Exerzitien und auch kleine stille Auszeiten im Alltag können hilfreich sein. Hier sollte jeder für sich selbst herausfinden, welche Form, welches Intervall für ihn passt und wie Bausteine des Rückzugs und der Besinnung sinnvoll in den jeweiligen Lebensstil integriert werden können.

Wald im Nebel zwischen dem Dickenloch in Fridingen und dem Welschenberg in Mühlheim

TRAUM

„Man kann leicht verstehen, warum Menschen dazu neigen, die Botschaft ihrer Träume zu ignorieren oder sogar abzulehnen. Das Bewusstsein widerstrebt von Natur aus allem Unbewussten und Unbekannten.“[37]

CARL GUSTAV JUNG (1875-1961), Schweizer Psychiater und der Begründer der analytischen Psychologie.
„Der Mensch und seine Symbole“, Walter Verlag AG, 14.Aufl. 1995, S.31

Autorenporträt

CARL GUSTAV JUNG wurde am 28. Juli 1875 in Kesswil in der Nähe von Kreuzlingen am Schweizer Ufer des Bodensees geboren. Sein Vater JOHANN PAUL JUNG war reformierter Pfarrer, dessen Vater Medizinprofessor. JUNGS Mutter EMILIE war auch Pfarrerstochter. Jung wuchs in Laufen und in Kleinhüningen in der Nähe von Basel auf. Ab 1895 studierte er Humanmedizin an der Universität Basel. Er interessierte sich stark für Spiritismus und parapsychologische Phänomene. JUNG spezialisierte sich im Fach Psychiatrie und wurde Assistent von EUGEN BLEUER in Zürich wo er 1902 promoviert. Im selben Jahr heiratete er die wohlhabende EMMA RAUSCHENBACH, was ihm zeitlebens ein freies Forschen ermöglichte. Er habilitierte sich 1905 bei BLEUER, wurde Oberarzt und außerordentlicher Professor und beliebter Dozent. 1907 begegnete er SIGMUND FREUD. 1909 eröffnete er in Küssnacht am Zürichsee eine Privatpraxis. Anfangs war JUNG Anhänger der freudschen Psychoanalyse, überwarf sich dann aber mit FREUD und seinen Theorien und begründete die analytische Psychologie, die weit über die Psychoanalyse hinausgeht und auch spirituelle Dimensionen miteinbezieht. JUNG war stets im Austausch mit anderen Naturwissenschaftlern und viel auf Reisen in andere Kulturräume. Er beschäftigte sich mit Alchemie, Astronomie und anderen Religionen. JUNG verstarb am 6. Juni 1961 in Küssnacht.

Impuls

In unserer Gesellschaft leben die meisten Menschen wohl ein Leben, das nach Außen gerichtet ist. Aber auch im Inneren sind Schätze zu finden. In Form von inneren Bildern und Träumen. In vielen Hochkulturen wie auch im antiken Ägypten wird den Träumen Beachtung geschenkt und es wird versucht, diese zu deuten. Viele Mystiker und Personen der Bibel folgten inneren Bildern und Träumen. Ein Beispiel für ein treues Befolgen der Träume ist der heilige Joseph, der, anstatt sich von seiner Frau Maria zu trennen, seinem Traum folgt und mit seiner schwangeren Frau nach Ägypten flieht, um das ungeborene Kind in Sicherheit zu bringen. Dies erst ermöglicht die christliche Heilsgeschichte. Das Notieren seiner eigenen Träume in ein Traumtagebuch und die Beschäftigung mit den Inhalten seiner Träume kann ein Einstieg sein, sich auch mit diesem sonst verborgenen Bereich des eigenen Lebens zu beschäftigen. Manchen Menschen gelingt sogar die bewusste Gestaltung der eigenen Träume, das sogenannte „Klarträumen“[38] : ein bewusstes Erleben von und ein Steuern der Handlungen in seinen Träumen. Dies kann Freude, aber auch kreative Ideen und Lösungen und sogar Verbesserung im Verhalten mit sich bringen.

Fragen

- Wie gehe ich mit meinen Träumen um?
- Kann ich mich an meine Träume erinnern?
- Hatte ich schon einmal einen Klartraum?
- Halte ich Träume in einem Traumtagebuch fest?
- Deute ich meine Träume?
- Folge ich Erkenntnissen aus meinen Träumen?

Vertiefung

Im Jahr 1900 bringt der österreichische Arzt SIGMUND FREUD sein Buch Traumdeutung heraus, das den Grundstein für die Beschäftigung der Psychoanalyse mit dem Phänomen Traum legt. Auch CARL GUSTAV JUNG und die analytische Psychologie nutzen Träume für die persönliche Entwicklung. Auch die aktuelle Hirnforschung misst den Träumen eine wichtige Bedeutung bei, um Erfahrungen des Wachbewusstseins zu verarbeiten und Gelerntes zu verfestigen. Es lohnt sich CARL GUSTAV JUNG im Original zu lesen: Symbole und Traumdeutung[39] ist als eines seiner letzten Werke an ein breites Publikum gerichtet, bietet eine Darstellung seiner Sicht der Träume und deren Deutung und liefert zudem eine Einführung in seine Psychologie. Das kleine Bändchen JUNG von ANTHONY STEVENS gibt eine gute Einführung in Leben und Werk.[40] Auch Klarträumen kann man lernen: Das Buch Anleitung zum Klarträumen[41] von Daniel Erlacher, ist empfehlenswert, weil es wissenschaftlich fundiert Theorie und Praxis kompakt zusammenbringt.

Die Kirchenruine Maria Hilf auf dem Welschenberg in Mühlheim

KOSMOS

„Höchster, allmächtiger, guter Herr,
dein ist das Lob, die Herrlichkeit und Ehre und jeglicher Segen.
Dir allein, Höchster, gebühren sie
und kein Mensch ist würdig, dich zu nennen.

Gelobt seist du, mein Herr, mit allen deinen Geschöpfen,
besonders dem Herrn Bruder Sonne,
der uns den Tag schenkt und durch den du uns leuchtest.
Und schön ist er und strahlend in großem Glanz:
von dir, Höchster, ein Sinnbild.

Gelobt seist du, mein Herr, für Schwester Mond und die Sterne.
Am Himmel hast du sie geformt, klar und kostbar und schön.

Gelobt seist du, mein Herr, für Bruder Wind,
für Luft und Wolken und heiteres und jegliches Wetter,
durch das du deine Geschöpfe am Leben erhältst.

Gelobt seist du, mein Herr, für Schwester Wasser.
Sehr nützlich ist sie und demütig und kostbar und keusch.

Gelobt seist du, mein Herr, für Bruder Feuer,
durch den du die Nacht erhellst.
Und schön ist er und fröhlich und kraftvoll und stark.

Gelobt seist du, mein Herr, für unsere Schwester Mutter Erde,
die uns erhält und lenkt
und vielfältige Früchte hervorbringt, mit bunten Blumen und Kräutern.

Gelobt seist du, mein Herr, für jene, die verzeihen
um deiner Liebe willen
und Krankheit ertragen und Not.
Selig, die ausharren in Frieden,
denn du, Höchster, wirst sie einst krönen.

Gelobt seist du, mein Herr, für unsere Schwester, den leiblichen Tod;
kein lebender Mensch kann ihm entrinnen.
Wehe jenen, die in tödlicher Sünde sterben.
Selig, die er finden wird in deinem heiligsten Willen,
denn der zweite Tod wird ihnen kein Leid antun.

Lobt und preist meinen Herrn
und dankt und dient ihm mit großer Demut.“[42]

FRANZISKUS VON ASSISI (1182-1226), Gründer des Franziskanerordens und Heiliger der römisch-katholischen Kirche

Autorenporträt

FRANZISKUS VON ASSISI wurde 1181 oder 1182 im umbrischen Assisi geboren. Sein Vater war ein vermögender Tuchhändler. Er bekam eine gute Ausbildung in einer kirchlichen Schule und trat im Alter von 14 Jahren in das Unternehmen seines Vaters ein. Er soll auf Basis seines hohen Einkommens einem ausschweifenden Lebensstil gefrönt haben. Im Jahr 1202 musste er in den Krieg ziehen und kam in Gefangenschaft: eine Erfahrung, die ihn maßgeblich prägte. Der Legende nach soll er beim Zug in den nächsten Krieg eine mystische Bekehrungserfahrung gehabt haben. In Folge suchte er oft die Einsamkeit und begab sich auf eine Wallfahrt nach Rom. Es folgten weitere Berufungserlebnisse. FRANZISKUS brach mit seinem Vater und begann ein einfaches Leben als Einsiedler und Bettelmönch. Er gründete den Orden der Franziskaner. Er starb am 3. Oktober 1226. FRANZISKUS hinterließ zahlreiche Gesänge und Gebete. Seine Spiritualität ist von radikaler Einfachheit und Naturverbundenheit geprägt. Bereits 1228 – nur zwei Jahre nach seinem Tod – wurde er heiliggesprochen.

Impuls

Die Kirche auf dem Welschenberg zwischen Mühlheim und Fridingen war von der Mitte des 17. bis Mitte des 18. Jahrhunderts ein bedeutender Wallfahrtsort mit teils mehr als 20.000 Pilgern im Jahr. Die Kirche war einmal eine stattliche Barockkirche, ähnlich der heute noch gut erhaltenen Kirche St. Peter in Sarnen in der Schweiz. Kirchen sollten in ihrer Pracht einen Eindruck der Schönheit des Kosmos vermitteln und wurden oft nach vollendeten Proportionen erschaffen. Aber auch die belebte Natur ist Abbild der kosmischen Schönheit.

Heute ist die Kirche eine Ruine, umgeben von wunderschöner Natur. Sie ist Ort der Besinnung und des Andenkens und wird für Andachten, Gottesdienste, Konzerte und Ausstellungen genutzt.
Sie verkörpert für mich die Verbindung von Kirche zum Kosmos, die Spiritualität des heiligen FRANZISKUS VON ASSISI, der Mond und Gestirne, Feuer, Wasser, Luft und Erde als „Geschwister“ wahrgenommen und wertgeschätzt hat und noch heute als Patron der Ökologie und des Umweltschutzes zu einem tieferen Verständnis der Einheit von Menschen und Kosmos beiträgt.

Fragen

- Halte ich Träume in einem Traumtagebuch fest?
- Wie stehe ich zur Natur?
- Habe ich mich schon einmal mit der Person des heiligen Franziskus beschäftigt?
- Wie stehe ich zu meinen Mitgeschöpfen?
- Wie lebe ich die Verbindung mit dem Kosmos?
- Schließt meine Spiritualität die Umwelt mit ein?
- Wie verstehe ich meine Unendlichkeit in der Endlichkeit?

Vertiefung

Das Bändchen FRBANZISKUS VON ASSISI[43] von HELMUT FELD gibt einen Einblick in das Leben und die Spiritualität des Heiligen. FRANZISKUS strebt – statt sich die Natur untertan zu machen – ein brüderliches Verhältnis zu dieser an. Seine Spiritualität findet besonders in seinem Sonnengesang Ausdruck. Diesen schrieb Franziskus in den Jahren 1224 und 1225 in Garten von San Damiano, einem späteren Kloster seiner Gefährtin KLARA VON ASSISI, das inmitten von Feldern und Olivenhainen vor den Toren der Stadt Assisi liegt. An dem Ort befand sich einst die Ruine einer Kapelle inmitten der Natur. Am Kreuz der Kapelle soll Franziskus die Worte „Franziskus, geh hin und stelle mein Haus wieder her, das, wie du siehst, schon ganz verfallen ist" gehört haben. Die heilige KLARA VON ASSISI ist eine sehr starke Frau, die sich von ihrer Familie und den Vorstellungen ihrer Zeit emanzipierte und ihren eigenen Klarissenorden gründete. Eine Beschäftigung mit der Person der heiligen KLARA lohnt sich ebenso. Das kleine Bändchen Klara von Assisi Freundin der Stille - Schwester der Stadt[44] von MARTINA KREIDLER-KOS, ANCILLA RÖTTGER, und NIKOLAUS KUSTER bietet eine verständliche und differenzierte Annäherung an diese faszinierende Frau. Der JESUIT PIERRE TEILHARD DE CHARDIN (1881–1955), Philosoph und Paläontologe, hat sich schon im letzten Jahrhundert sehr weitsichtig mit der Stellung des Menschen im Kosmos[45] auseinandergesetzt. Er geht über die Theorie der Evolution von DARWIN hinaus und sieht den Kosmos ganzheitlich und den Menschen nicht als Mittelpunkt der Welt, sondern als eine Art Achse und Ziel der evolutionären Entwicklung. Ein Überdenken der Rolle des Menschen in Bezug zur Natur und zum Kosmos kann hilfreich sein, um die ökologische Krise zu meistern. PAPST FRANZISKUS greift 2015 die Zeilen Laudato Si'(umbrisches Altitaloromanisch für „Gelobt seist du") des Sonnengesangs für seine gleichnamige Enzyklika, die mit dem Untertitel über die Sorge für das gemeinsame Haus[46] beschrieben ist, wieder auf und spricht sich im Geiste seines Namenspatrons für eine ganzheitliche Ökologie aus.

Lichtspiele auf dem Welschenberg

Bild- und Ortsverzeichnis

Thema	Bild	Ort	Breite	Länge
Heimat	Blick vom Geistfelsen in Fridingen Richtung Mühlheim	1	48° 1'44.36"N	8°54'53.16"E
Sicherheit	Blick vom glitzernden Kreuz über Mühlheim bis nach Tuttlingen	2	48° 1'40.79"N	8°53'43.22"E
Lust	Leberblümchen auf dem Welschenberg	3	48° 1'23.98"N	8°54'12.96"E
Körper	„Hochseilakt" von HANS-JÜRGEN KOSSACK (1965*) zwischen Friedhof und Donau in Nendingen	4	48° 0'29.89"N	8°51'30.37"E
Arbeit	Das Kloster Beuron, umgeben von sattem Frühlingsgrün	5	48° 3'4.90"N	8°58'5.88"E
Einheit allen Seins	Mystischer Sonnenaufgang auf dem Eichfelsen	6	48° 3'49.32"N	8°59'34.41"E
Authentizität	Sonnenblume im Aufbruch zwischen Mühlheim und Stetten	7	48° 1'32.83"N	8°52'43.52"E
Intuition	Blick auf Buchheimer Hans	8	48° 0'59.32"N	8°59'15.09"E
Ganzheit	Steinrose, (Sempervivum) auch Hauswurz genannt auf dem Felsen des Philosophen über der Donau	1	48° 1'44.36"N	48° 1'44.36"N
Selbsterkenntnis	Blick vom Eichfelsen in Irndorf auf die Burg Wildenstein in Leibertingen	6	48° 3'49.32"N	8°59'34.41"E
Traum	Wald im Nebel in Fridingen	9	48° 1'31.36"N	8°54'48.63"E
Kosmos	Die Kirchenruine Maria Hilf auf dem Welschenberg in Mühlheim	3	48° 1'24.08"N	8°54'11.42"E

Donausteg am Donauradweg hinter der Mauruskapelle in Beuron

Literaturverzeichnis

1 Johann P. Hebel, Gesammelte Werke. Kommentierte Lese- und Studienausgabe in sechs Bänden, Göttingen 2019, IV – 180.
2 Rudolf Augstein / Georg Wolff, „Nur noch ein Gott kann uns retten. SPIEGEL-Gespräch mit Martin Heidegger am 23. September 1966“, in: Der Spiegel 30. (1976), 193-219.
3 Hanspeter Padrutt, Heideggers Denken und die Ökologie, in: Heidegger Studies (1990), 43–66.
4 Johann P. Hebel, Alemannische Gedichte (Universal-Bibliothek Nr. 8294), Stuttgart 1977.
5 Johann P. Hebel, Schatzkästlein des rheinischen Hausfreundes (Universal-Bibliothek Nr. 142), Stuttgart 1981, 154.
6 Die Bibel. Altes und Neues Testament, Freiburg 2017, Psalm 62, 2-3.
7 Bonhoeffer, Dietrich (2005): Brief an Maria von Wedemeyer. aus dem Kellergefängnis des Reichssicherheitshauptamts in Berlin, Prinz-Albrecht-Straße, 19. Dezember 1944. In: Dietrich Bonhoeffer: Widerstand und Ergebung. Briefe und Aufzeichnungen aus der Haft. 18. Aufl. Hg. v. Eberhard Bethge. Gütersloh: Gütersloher Verl.-Haus.
8 Dietrich Bonhoeffer, Die Psalmen - das Gebetbuch der Bibel. Eine Einführung, Giessen 162005
9 Aristoteles, Nikomachische Ethik (rororo Rowohlts Enzyklopädie 55651), Reinbek bei Hamburg 52015.
10 Thomas von Kempen, Nachfolge Christi, A-6804 Feldkirch.
11 Aristoteles, Nikomachische Ethik. 1107b
12 Die Bibel. Altes und Neues Testament, Freiburg 2017, 1. Mose 1,27
13 Desiderius Lenz, Der Kanon, in: Benediktinische Monatsschrift (1921), 363–377.
14 Ebd.
15 Vitruv / Curt Fensterbusch, Zehn Bücher über Architektur, Darmstadt 72013.
16 Le Corbusier, Der Modulor. Darstellung eines in Architektur und Technik allgemein anwendbaren harmonischen Maszes im menschlichen Maszstab., München 122021.
17 Benedictus, Die Regel des heiligen Benedikt, Beuron 12006, 48.
18 Philip Kovce / Birger P. Priddat (Hg.), Bedingungsloses Grundeinkommen. Grundlagentexte (Suhrkamp-Taschenbuch Wissenschaft 2265), Berlin 2019.
19 Nassim Haramein / et al., Unified Science Course. (Formerly known as the Delegate Program). Exploring the connected universe, Online Learning Course, Hawaii.
20 Malcolm Carter, The Connected Universe 2018.
21 Band VII:. Zur Theologie des geistlichen Lebens, Karl Rahner: Schriften zur Theologie 1966, hier 21–23.
22 https://www.resonancescience.org
23 Heidegger, Martin (1967): Sein und Zeit. Elfte, unveränderte Auflage. Tübingen: MAX NIEMEYER VERLAG.
24 Martin-Heidegger-Museum, https://www.schloss-messkirch.de/de/Staunen/Martin-Heidegger-Museum
25 Alfred Denker, Unterwegs in Sein und Zeit. Einführung in Leben und Denken von Martin Heidegger, Stuttgart 2011.
26 Steve Jobs, Stay Hungry. Stay Foolish., Stanford, California 2005.
27 InnSaei. Die Kraft der Intuition 2016.
28 Yumiko Tobitani, QSR - Quantum speed reading. Geistige Fähigkeiten entwickeln durch Verstehen auf Quantenebene, Aachen 12007.
29 PHAIDROS · PARMENIDES BRIEFE. FÜNFTER BAND, in: Heinz Hofmann / Plato (Hg.), Platon. Werke in acht Bänden (Werke in acht Bänden), Darmstadt 20192019, hier 157 e.
30 Alfred N. Whitehead, PROCESS AND REALITY. AN ESSAY IN COSMOLOGY, New York 1978
31 Michael Bordt, Platon, Freiburg 1999.
32 Papst Franziskus, LAUDATO SI’. ÜBER DIE SORGE FÜR DAS GEMEINSAME HAUS (Enzyklika) 2015.
33 Edward N. Lorenz, The Essence of Chaos (The Jessie and John Danz lectures), Seattle, Wash. 11995.
34 Hermann Diels / Walther Kranz (Hg.), Die Fragmente der Vorsokratiker.
35 Marion Giebel, Das Orakel von Delphi. Geschichte und Texte ; Griechisch/Deutsch (Reclams Universal-Bibliothek Nr. 18122), Stuttgart 2001.
36 Ignatius von Loyola, Die Exerzitien (Christliche Meister 45), Freiburg Breisgau 121999.
37 C. G. Jung, Der Mensch und seine Symbole, Ostfildern 141995, 31.
38 Paul Tholey, Haben Traumgestalten ein eigenes Bewusstsein?, in: Gestalt Theory 7 (1985).
39 C. G. Jung, Symbole und Traumdeutung. Ein erster Zugang zum Unbewußten (Edition C. G. Jung), Ostfildern 102021.
40 Anthony Stevens, Jung (Herder-Spektrum Bd. 4759 : Meisterdenker), Freiburg im Breisgau 1999.
41 Daniel Erlacher, Die nächtliche Traumwelt selbst gestalten, Norderstedt 2010.
42 Bischöfe Deutschlands und Österreichs und der Bistümer Bozen-Brixen und Lüttich, Gotteslob. Katholisches Gebet- und Gesangbuch, Ausgabe der Diözese Rottenburg-Stuttgart, 19,2.
43 Helmut Feld, Franziskus von Assisi (C.H. Beck Wissen 2170), München 42017.
44 Martina Kreidler-Kos / Ancilla Röttger / Niklaus Kuster, Klara von Assisi. Freundin der Stille - Schwester der Stadt (Topos-Taschenbücher Band 561), Kevelaer 42015.
45 Pierre Teilhard de Chardin, Der Mensch im Kosmos (C.H. Beck Paperback 1055), München 52018.
46 Papst Franziskus, LAUDATO SI’.